감사일기

나의 번째 감사일기장

사람이 얼마나 행복한가는 그의 감사의 깊이에 달려 있다.

_ 존 밀러

NCD

하나님과 함께 매일 기뻐하는 삶

감사일기

www.ncdmall.com

하나님과 함께 매일 기뻐하는 삶

감사일기

내 영혼아, 주님을 찬송하여라.

주님이 베푸신 모든 은혜를 잊지 말아라.

(시편 103:2, 표준새번역)

date : . . ~ . .

name :

노트 활용팁

date :　　 .　　 .

today's thanks :

- ☐ 오늘도 건강하게 지내게 하심 감사합니다.
- ☐ 아름다운 하늘을 보았습니다. 자연을 통해 기쁘게 하심 감사합니다.
- ☐ 일의 과정마다 순탄하게 진행될 수 있도록 도우심 감사합니다.
- ☐ 가정예배를 드리는 중에 서로를 이해하게 하심 감사합니다.
- ☐ 이 땅에 복음을 주신 하나님 참 감사합니다.

날마다 하나님께서 주신 소중한 감사제목을 기록해 보세요.

하나님을 경외하는 가장 바른 길, 감사입니다.

감사하는 인생마다 찬란하게 하시는

하나님의 은혜를 이제 경험하세요!

date : . .

today's thanks :

- [ ]
- [ ]
- [ ]
- [ ]
- [ ]

date : . .

today's thanks :

- [ ]
- [ ]
- [ ]
- [ ]
- [ ]

나의 힘이신 여호와여 내가 주를 사랑하나이다 _시편 18:1

date : . .

today's thanks :

☐

☐

☐

☐

☐

date : . .

today's thanks :

☐

☐

☐

☐

☐

우리 마음이 주 안에서 기뻐하는 것은 우리가 그 거룩한 이름을 의지하기 때문입니다 _시편 33:21

date :

today's thanks :

☐

☐

☐

☐

☐

date :

today's thanks :

☐

☐

☐

☐

☐

또 여호와를 기뻐하라 그가 네 마음의 소원을 네게 이루어 주시리로다 _시편 37:4

date : . .

today's thanks :

☐

☐

☐

☐

☐

date : . .

today's thanks :

☐

☐

☐

☐

☐

내 영혼을 회복시키시고 당신의 이름을 위해 의로운 길로 인도하십니다 _시편 23:3

date : . .

today's thanks :

☐

☐

☐

☐

☐

date : . .

today's thanks :

☐

☐

☐

☐

☐

만군의 여호와여 주의 장막이 어찌 그리 사랑스러운지요 _시편 84:1

date : . .

today's thanks :

- [ ]
- [ ]
- [ ]
- [ ]
- [ ]

date : . .

today's thanks :

- [ ]
- [ ]
- [ ]
- [ ]
- [ ]

호흡이 있는 자마다 여호와를 찬양할지어다 할렐루야 _시편 150:6

date : . .

today's thanks :

☐

☐

☐

☐

☐

date : . .

today's thanks :

☐

☐

☐

☐

☐

여호와는 위대하시니 크게 찬양할 것이라 그의 위대하심을 측량하지 못하리로다 _시편 145:3

date : . .

today's thanks :

☐

☐

☐

☐

☐

date : . .

today's thanks :

☐

☐

☐

☐

☐

여호와는 나의 능력과 찬송이시요 또 나의 구원이 되셨도다 _시편 118:14

date :

today's thanks :

☐

☐

☐

☐

☐

date :

today's thanks :

☐

☐

☐

☐

☐

아침에 주의 사랑을 알리며, 밤마다 주의 진실을 알리는 일이 좋습니다 _시편 92:2

나는 평범한 사람입니다.

흔한 들꽃처럼 멋진 이름, 외모는 내게 주어지지 않았습니다.

하지만, 내 평범함에는 하나님의 생명이 깃들어 있습니다.

내 호흡은 그분의 호흡과 닮았습니다.

내 빚다 만 듯한 어수룩한 이목구비에는

그분의 형상이 그려져 있습니다.

내 비좁은 마음에는

그분의 광대한 계획이 숨 쉬고 있습니다.

내 평범함 속에 거하시는 하나님,

그분 덕분에 나는 나를 조금 더 사랑하기로 마음먹었습니다.

_ 다섯달란트 《나는 하나님이 참 좋습니다》

date : . .

today's thanks :

□

□

□

□

□

date : . .

today's thanks :

□

□

□

□

□

진실로 생명의 원천이 주께 있사오니 주의 빛 안에서 우리가 빛을 보리이다 _시편 36:9

date : . .

today's thanks :

- ☐
- ☐
- ☐
- ☐
- ☐

date : . .

today's thanks :

- ☐
- ☐
- ☐
- ☐
- ☐

주를 찬송함과 주께 영광 돌림이 종일토록 내 입에 가득하리이다 _시편 71:8

date :   .   .

today's thanks :

- [ ]
- [ ]
- [ ]
- [ ]
- [ ]

date :   .   .

today's thanks :

- [ ]
- [ ]
- [ ]
- [ ]
- [ ]

하나님은 우리의 피난처시요 힘이시니 환난 중에 만날 큰 도움이시라 _시편 46:1

date : . .

today's thanks :

- ☐
- ☐
- ☐
- ☐
- ☐

date : . .

today's thanks :

- ☐
- ☐
- ☐
- ☐
- ☐

어떤 사람은 병거, 어떤 사람은 말을 의지하나 우리는 여호와 우리 하나님의 이름을 자랑하리로다 _시편 20:7

date : . .

today's thanks :

- [ ]
- [ ]
- [ ]
- [ ]
- [ ]

date : . .

today's thanks :

- [ ]
- [ ]
- [ ]
- [ ]
- [ ]

여호와께서 온전한 자의 날을 아시나니 그들의 기업은 영원하리로다 _시편 37:18

date : . .

today's thanks :

- [ ]
- [ ]
- [ ]
- [ ]
- [ ]

date : . .

today's thanks :

- [ ]
- [ ]
- [ ]
- [ ]
- [ ]

해 돋는 데에서부터 해 지는 데에까지 여호와의 이름이 찬양을 받으시리로다 _시편 113:3

date : . .

today's thanks :

☐

☐

☐

☐

☐

date : . .

today's thanks :

☐

☐

☐

☐

☐

고난과 번민이 나를 사로잡아도 주의 계명은 내 기쁨입니다 _시편 119:143

date : . .

today's thanks :

☐

☐

☐

☐

☐

date : . .

today's thanks :

☐

☐

☐

☐

☐

내 영혼아 여호와를 송축하라 내 속에 있는 것들아 다 그의 거룩한 이름을 송축하라 _시편 103:1

date : . .

today's thanks :

- ☐
- ☐
- ☐
- ☐
- ☐

date : . .

today's thanks :

- ☐
- ☐
- ☐
- ☐
- ☐

주께서 내 영혼을 사망에서, 내 눈을 눈물에서, 내 발을 넘어짐에서 건지셨나이다 _시편 116:8

하나님의 말씀을 통해서 우리는 새로운 힘을 얻을 수 있다.

그리고 그분이 주시는 힘은 환경이 달라졌다고 해서

약해지지 않는다.

살다 보면 어려운 상황이 닥칠 수도 있다.

하지만 능히 이겨 낼 수 있는 힘이 우리에게 있음을 기억하자.

_ 코리 텐 붐 《날마다 새롭게》

date :   .   .

today's thanks :

☐

☐

☐

☐

☐

date :   .   .

today's thanks :

☐

☐

☐

☐

☐

할렐루야 우리 하나님을 찬양하는 일이 선함이여 찬송하는 일이 아름답고 마땅하도다 _시편 147:1

date : . .

today's thanks :

- [ ]
- [ ]
- [ ]
- [ ]
- [ ]

date : . .

today's thanks :

- [ ]
- [ ]
- [ ]
- [ ]
- [ ]

오 주 내 하나님이여, 내 온 마음으로 주를 찬양하고 영원히 주의 이름에 영광 돌리겠습니다 _시편 86:12

date : . .

today's thanks :

- [ ]
- [ ]
- [ ]
- [ ]
- [ ]

date : .

today's thanks :

- [ ]
- [ ]
- [ ]
- [ ]
- [ ]

의인이여 너희는 여호와로 말미암아 기뻐하며 그의 거룩한 이름에 감사할지어다 _시편 97:12

date : . .

today's thanks :

- [ ]
- [ ]
- [ ]
- [ ]
- [ ]

date : . .

today's thanks :

- [ ]
- [ ]
- [ ]
- [ ]
- [ ]

여호와는 은혜로우시며 긍휼이 많으시며 노하기를 더디 하시며 인자하심이 크시도다 _시편 145:8

date : . .

today's thanks :

- ☐
- ☐
- ☐
- ☐
- ☐

date : . .

today's thanks :

- ☐
- ☐
- ☐
- ☐
- ☐

주의 인자하심을 감사하여라 사람에게 베푸신 주의 놀라운 구원을 감사하여라 _시편 107:21

date : . .

today's thanks :

☐

☐

☐

☐

☐

date : . .

today's thanks :

☐

☐

☐

☐

☐

주의 성도들아 여호와를 찬송하며 그의 거룩함을 기억하며 감사하라 _시편 30:4

date : . .

today's thanks :

☐

☐

☐

☐

☐

date : . .

today's thanks :

☐

☐

☐

☐

☐

여호와를 의지하는 자는 시온 산이 흔들리지 아니하고 영원히 있음 같도다 _시편 125:1

date : . .

today's thanks :

☐

☐

☐

☐

☐

date : . .

today's thanks :

☐

☐

☐

☐

☐

주는 나의 도움이 되셨음이라 내가 주의 날개 그늘에서 즐겁게 부르리이다 _시편 63:7

date : . .

today's thanks :

☐

☐

☐

☐

☐

date : . .

today's thanks :

☐

☐

☐

☐

☐

나는 여호와를 향하여 말하기를 그는 나의 피난처요 나의 요새요 내가 의뢰하는 하나님이라 하리니 _시편 91:2

주님은 내 마음대로 손가락 하나 움직일 수 없는 나를,

그 연약한 나를 사용하셔서 그분의 이야기를 하도록 하신다.

그렇게 하루하루를 새롭게 열어 주신다.

그러니 감사하고 감격할 수밖에 없다!

그러니 내가 웃을 수밖에 없다!

_이남헌 《나는 지금이 좋다》

date : . .

today's thanks :

- [ ]
- [ ]
- [ ]
- [ ]
- [ ]

date : . .

today's thanks :

- [ ]
- [ ]
- [ ]
- [ ]
- [ ]

여호와께서는 그분을 경외하는 사람들과 그 변함없는 사랑을 바라는 사람들을 기뻐하십니다 _시편 147:11

date : . .

today's thanks :

☐

☐

☐

☐

☐

date : . .

today's thanks :

☐

☐

☐

☐

☐

내 구원의 능력이신 주 여호와여 전쟁의 날에 주께서 내 머리를 가려 주셨나이다 _시편 140:7

date : . .

today's thanks :

☐

☐

☐

☐

☐

date : . .

today's thanks :

☐

☐

☐

☐

☐

여호와께 감사하고 그분의 이름을 부르라 그분이 하신 일들을 사람들 가운데 알리라 _시편 105:1

date : . .

today's thanks :

☐

☐

☐

☐

☐

date : . .

today's thanks :

☐

☐

☐

☐

☐

여호와께서 자기 백성에게 힘을 주심이여 여호와께서 자기 백성에게 평강의 복을 주시리로다 _시편 29:11

date : . .

today's thanks :

☐

☐

☐

☐

☐

date : . .

today's thanks :

☐

☐

☐

☐

☐

내가 고통 중에 여호와께 부르짖었더니 여호와께서 응답하시고 나를 넓은 곳에 세우셨도다 _시편 118:5

date : . .

today's thanks :

☐

☐

☐

☐

☐

date : . .

today's thanks :

☐

☐

☐

☐

☐

내가 사는 한 여호와를 찬양할 것입니다 내가 존재하는 동안 내 하나님을 찬양하겠습니다 _시편 104:33

date : . .

today's thanks :

- ☐
- ☐
- ☐
- ☐
- ☐

date : . .

today's thanks :

- ☐
- ☐
- ☐
- ☐
- ☐

아름답고 거룩한 것으로 여호와께 예배할지어다 온 땅이여 그 앞에서 떨지어다 _시편 96:9

date : . .

today's thanks :

□

□

□

□

□

date : . .

today's thanks :

□

□

□

□

□

주께서 내 마음에 두신 기쁨은 그들의 곡식과 새 포도주가 풍성할 때보다 더하니이다 _시편 4:7

date : . .

today's thanks :

☐

☐

☐

☐

☐

date . . .

today's thanks :

☐

☐

☐

☐

☐

여호와를 경외하며 그의 길을 걷는 자마다 복이 있도다 _시편 128:1

다시 기뻐하며 일어나자. 우리는 죄 사함을 받았다.

예수 그리스도는 우리의 생명이시다.

그 어떤 것도 우리를 하나님의 사랑에서 떼어놓을 수 없다.

우리는 늘 예수 그리스도 안에서 승리할 것이다.

이제 마음을 느슨하게 하고 잔치를 즐기자!

_스티브 맥베이 《은혜의 비밀》

date : . .

today's thanks :

☐

☐

☐

☐

☐

date : . .

today's thanks :

☐

☐

☐

☐

☐

그분을 잠잠히 생각하는 것이 너무나 달콤하니 내가 여호와 안에서 기뻐합니다 _시편 104:34

date :　　　.　　　.

today's thanks :

□

□

□

□

□

date :　　　.　　　.

today's thanks :

□

□

□

□

□

여호와여 주는 나의 방패시요 나의 영광이시요 나의 머리를 드시는 자이시니이다 _시편 3:3

date : . .

today's thanks :

☐

☐

☐

☐

☐

date : . .

today's thanks :

☐

☐

☐

☐

☐

그는 우리의 하나님이시요 우리는 그가 기르시는 백성이며 그의 손이 돌보시는 양이기 때문이라 _시편 95:7

date : . .

today's thanks :

☐

☐

☐

☐

☐

date : . .

today's thanks :

☐

☐

☐

☐

☐

내가 여호와를 항상 내 앞에 모심이여 그가 나의 오른쪽에 계시므로 내가 흔들리지 아니하리로다 _시편 16:8

date : . .

today's thanks :

☐

☐

☐

☐

☐

date : . .

today's thanks :

☐

☐

☐

☐

☐

우리에게 향하신 여호와의 인자하심이 크시고 여호와의 진실하심이 영원함이로다 할렐루야 _시편 117:2

date : . .

today's thanks :

- [ ]
- [ ]
- [ ]
- [ ]
- [ ]

date : . .

today's thanks :

- [ ]
- [ ]
- [ ]
- [ ]
- [ ]

내 영혼아, 주님을 찬송하여라 마음속으로부터 그 거룩하신 이름을 찬송하여라 _시편 103:1

date : . .

today's thanks :

☐

☐

☐

☐

☐

date : . .

today's thanks :

☐

☐

☐

☐

☐

내가 여호와를 찬송하리니 이는 주께서 내게 은덕을 베푸심이로다 _시편 13:6

date : . .

today's thanks :

- [ ]
- [ ]
- [ ]
- [ ]
- [ ]

date : . .

today's thanks :

- [ ]
- [ ]
- [ ]
- [ ]
- [ ]

우리의 능력이 되시는 하나님을 향하여 기쁘게 노래하며 야곱의 하나님을 향하여 즐거이 소리칠지어다 _시편 81:1

date : . .

today's thanks :

☐

☐

☐

☐

☐

date : . .

today's thanks :

☐

☐

☐

☐

☐

그 이름에 합당한 영광을 여호와께 돌려 드리고 그 거룩한 아름다움으로 여호와께 경배하라 _시편 29:2

아직 동이 트기 전, 푸르스름한 새벽빛 가운데에서

내 귓가에 은밀하게 속삭이시던 주님의 음성을 기억합니다.

울부짖던 내 문제는 크게 달라지지 않았지만,

그 사랑의 음성으로 모난 내 마음이 둥글게 깎여 나갔습니다.

문제가 변하여 감사의 조건이 되었습니다.

은밀하게 내 삶을 조율하시는 하나님. 참, 고맙습니다.

_다섯달란트 《나는 하나님이 참 좋습니다》

date : . .

today's thanks :

☐

☐

☐

☐

☐

date : . .

today's thanks :

☐

☐

☐

☐

☐

강한 손과 펴신 팔로 인도하여 내신 이에게 감사하라 그 인자하심이 영원함이로다 _시편 136:12

date : . .

today's thanks :

- [ ]
- [ ]
- [ ]
- [ ]
- [ ]

date : . .

today's thanks :

- [ ]
- [ ]
- [ ]
- [ ]
- [ ]

주께서 나의 슬픔이 변하여 내게 춤이 되게 하시며 나의 베옷을 벗기고 기쁨으로 띠 띠우셨나이다 _시편 30:11

date : . .

today's thanks :

☐

☐

☐

☐

☐

date : . .

today's thanks :

☐

☐

☐

☐

☐

주께서는 위대하시고 놀라운 일들을 하시니 오직 주만이 하나님이십니다 _시편 86:10

date : . .

today's thanks :

- [ ]
- [ ]
- [ ]
- [ ]
- [ ]

date : . .

today's thanks :

- [ ]
- [ ]
- [ ]
- [ ]
- [ ]

영광의 왕이 누구시냐 강하고 능한 여호와시요 전쟁에 능한 여호와시로다 _시편 24:8

date : . .

today's thanks :

☐

☐

☐

☐

☐

date : . .

today's thanks :

☐

☐

☐

☐

☐

하나님이여 내 마음을 정하였사오니 내가 노래하며 나의 마음을 다하여 찬양하리로다 _시편 108:1

date : . .

today's thanks :

- [ ]
- [ ]
- [ ]
- [ ]
- [ ]

date : . .

today's thanks :

- [ ]
- [ ]
- [ ]
- [ ]
- [ ]

즐겁게 소리칠 줄 아는 백성은 복이 있나니 여호와여 그들이 주의 얼굴 빛 안에서 다니리로다 _시편 89:15

date : . .

today's thanks :

- ☐
- ☐
- ☐
- ☐
- ☐

date : . .

today's thanks :

- ☐
- ☐
- ☐
- ☐
- ☐

여호와는 의로우사 의로운 일을 좋아하시나니 정직한 자는 그의 얼굴을 뵈오리로다 _시편 11:7

date : . .

today's thanks :

☐

☐

☐

☐

☐

date : . .

today's thanks :

☐

☐

☐

☐

☐

여호와께 감사하라 그는 선하시며 그 인자하심이 영원함이로다 _시편 136:1

date : . .

today's thanks :

□

□

□

□

□

date . . .

today's thanks :

□

□

□

□

□

여호와께서는 그 모든 행위에 의로우시며 그 모든 일에 은혜로우시도다 _시편 145:17

date : . .

today's thanks :

- [ ]
- [ ]
- [ ]
- [ ]
- [ ]

date : . .

today's thanks :

- [ ]
- [ ]
- [ ]
- [ ]
- [ ]

내가 전심으로 여호와께 감사하오며 주의 모든 기이한 일들을 전하리이다 _시편 9:1